ZUR TAUFE

Sei behütet und geborgen

Pattloch

Liebes Taufkind,

im Kreis deiner Lieben wurdest du
feierlich gesegnet. Dieser Segen soll dich
dein ganzes Leben lang begleiten.
Für deinen Lebensweg wünsche ich dir
alles erdenklich Gute.

Drei Dinge sind uns aus
dem Paradies geblieben:
Sterne, Blumen und Kinder.

DANTE ALIGHIERI

Deine Taufe ist erst der Anfang
deines einzigartigen und wunderbaren Lebens.
Unendlich viele schöne Momente,
unvergessliche Tage und bunte
Überraschungen warten auf dich.

Ich wünsche dir,
dass du dir die Fröhlichkeit,
Freiheit und Leichtigkeit
bewahrst, die du als Kind
in dir trägst.

Offene Augen und ein Herz voller
Dankbarkeit für die kleinen und großen Wunder
Gottes, das wünsche ich dir.

Du verzauberst alle, die dir begegnen. Dass du dein fröhliches Wesen auch als erwachsener Mensch nie verlierst, das ist mein Wunsch für dich.

Ich wünsche dir, dass du dich jeden
Tag aufs Neue über das wunderbare Leben freuen
kannst, das dir geschenkt wurde.

Dass du auf deinem Weg
vielen lieben Menschen begegnest und
treue Freunde findest,
mit denen du schöne Momente teilen
kannst, das wünsche ich dir ganz besonders.

Deine Eltern, deine Familie und deine Paten sind immer für dich da. Sie haben ein offenes Ohr für dich und werden dich begleiten, wenn du beginnst, die Welt zu erkunden.

Da werden Hände sein, die dich tragen, und Arme, in denen du sicher bist, und Menschen, die dir ohne Fragen zeigen, dass du willkommen bist.

KHALIL GIBRAN

Lass auf deiner Reise durchs Leben dein Herz dein Kompass sein und habe Vertrauen in dich selbst und deinen Weg.

Ich wünsche dir einen Schutzengel, der immer an deiner Seite ist, ganz egal wohin du auch gehst.

Denn er hat seinen Engeln befohlen,
dass sie dich behüten auf allen deinen Wegen.

PSALM 91,11

Nicht nur für deine Familie,
sondern für die ganze Welt bist du ein
großes Geschenk.

Ich wünsche dir, dass du das nicht
vergisst und nicht nur mit anderen, sondern
auch mit dir selbst liebevoll umgehst.

Ein Leben voller Freude,
Liebe, Glück, Abenteuer und Sonnenschein –
das wünsche ich dir natürlich von Herzen.

Wenn aber doch mal Wolken
am Horizont aufziehen, wünsche ich dir das
Vertrauen darauf, dass schon bald wieder ein
Regenbogen für dich leuchten wird.

Wer zuversichtlich ist,
dem wachsen Flügel.

JAMES MATTHEW BARRIE

Ich wünsche dir, dass du dich traust, deinen Träumen zu folgen und nach den Sternen zu greifen! Mit ein klein wenig Mut kannst du Großartiges erreichen.

Ich wünsche dir, dass der Glaube an et-
was Größeres dir Halt und Geborgenheit im
Leben schenken wird und du immer die schützende
Hand Gottes in deinem Leben spüren kannst.

Sei mutig und stark! Fürchte dich also nicht, und hab keine Angst, denn der Herr, dein Gott, ist mit dir bei allem, was du unternimmst.

JOSUA 1,9

Dass du das Vertrauen in dich selbst und deine eigene Kraft nie verlierst, auch wenn der Weg mal steinig wird, das wünsche ich dir.

Nun aber bleiben Glaube, Hoffnung, Liebe, diese drei; doch am größten unter ihnen ist die Liebe.

1. KORINTHER 13,13

Ich wünsche dir von Herzen,
dass deine Zukunft so schön leuchtet und strahlt
wie das Licht der Welt, das an deiner Taufe
für dich entzündet wurde, liebes Taufkind.

Text: Ella Rosenbusch
Gesamtgestaltung: Nicole Pfeiffer

Bildnachweise: Cover: Shutterstock.com: SewCreamStudio, Art Stocker, chrupka
 Innenteil: Getty Images: amtitus, Cecilie_Arcurs; Shutterstock.com: chrupka, jakkapan,
New Africa, altanaka, Natalya Chernyak, Evgeny Atamanenko, TabitaZn, Evgenia.B, Ra-
wpixel.com, Kritidech aromoon, Photo Magistr, LedyX, HelenField, oatawa, nokturn; stock.
adobe.com: natara, Надія Коваль, konoplizkaya, abelena, gudrun, sc Fotografie

Gesamtherstellung: AZ Druck und Datentechnik GmbH, Kempten
ISBN: 978-3-629-00980-7
www.geschenkverlage.de
5 4 3 2 1